Luisa Rose

Tag und Nacht

Notebook / Notizbuch

Bibliografische Information der Deutschen Nationalbibliothek:
Die Deutsche Nationalbibliothek verzeichnet diese Publikation in der Deutschen Nationalbibliografie; detaillierte bibliografische Daten sind im Internet über http://dnb.dnb.de abrufbar.

© 2016 Luisa Rose; 1. Auflage

Covergrafik, Texte und Illustrationen: © Luisa Rose

Herstellung und Verlag: BoD – Books on Demand, Norderstedt

ISBN: 9783743163645